AF322155

EUGÈNE HATIN

THÉOPHRASTE RENAUDOT

SA VIE ET SES ŒUVRES

PUBLIÉ PAR LE COMITÉ POUR L'ÉRECTION

dans sa ville natale

D'UN MONUMENT DIGNE DE CET HOMME DE BIEN

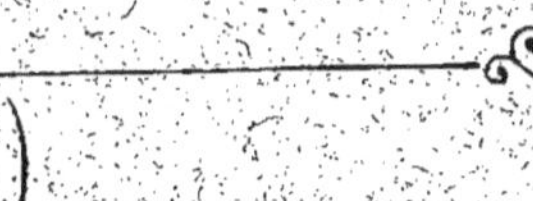

Theophrastus Renaudot, Juliodunensis,
medicus et historiographicus regius,
ætatis anno 58, salutis 1644.

BIBLIOTHÈQUE NATIONALE — FONDS LESSENNE — IMPRIMÉS

THÉOPHRASTE RENAUDOT

SA VIE ET SES ŒUVRES

Renaudot aura été un des plus frappants exemples de cette fatalité qui pèse sur certains noms et les empêche d'émerger, de remonter au rang qui leur appartient.

C'est incontestablement une des plus remarquables figures du xviiᵉ siècle. Honoré de la faveur de deux grands ministres; conseiller médecin ordinaire et historiographe du roi; commissaire général des pauvres du royaume; maître et intendant général des bureaux d'adresse, il remplit Paris, pendant un quart de siècle, du bruit de ses œuvres et de ses luttes.

Qui s'en doute aujourd'hui ? Ce rare esprit n'est guère connu que pour avoir donné à la France son premier journal, et encore, sous ce rapport-là même, l'est-il fort mal.

Mais ce n'est pas là, tant s'en faut, le seul titre qui recommande sa mémoire.

Économiste éminent pour l'époque, il pressentit, le premier en France, la puissance de la publicité, qui faisait alors absolument défaut, et il la mit, sous toutes les formes que put lui suggérer son génie inventif, au service de ses contemporains.

Mais ce fut, avant tout, un ardent philanthrope, un des plus grands hommes de bien qu'ait produits la France, celui peut-être qui, avec saint Vincent de Paul, a le plus fait pour les classes nécessiteuses.

Voilà ce que je n'ai cessé de crier par-dessus tous les toits depuis près d'un demi-siècle.

Comment donc a-t-il pu se faire que si peu d'honneur se soit attaché à la mémoire d'un homme remarquable à tant de titres ? On ne le comprendrait pas si l'on ne savait quelle longue trace laisse derrière elle cette arme terrible des envieux, la calomnie. Or, jamais homme ne fut plus outrageusement calomnié que Renaudot. C'est que, dans sa marche vers le progrès, il se heurta fatalement au monopole et à la routine. *Inde iræ,* de là une haine qui infecta sa vie de tant de bave, que la trace ne s'en est jamais complètement effacée.

Je ne m'attarderai pas à répéter toutes les ignorances, toutes les calomnies, toutes les insanités entassées sur sa mémoire. Il suffira, pour en faire justice, d'exposer simplement sa vie et ses œuvres multiples, ses *innocentes inventions*, comme il les appelait, qui toutes tendaient au soulagement des misères humaines.

Renaudot naquit en 1586, à Loudun, à une courte distance de Richelieu, alors un pauvre village, où était né, l'année précédente, le cardinal qui a illustré ce nom. De là, entre les deux voisins, une sorte d'affinité qui n'a pas été assez remarquée, mais qui, bien évidemment, a exercé une grande influence sur la vie de notre Théophraste, que Richelieu, tant qu'il vécut, couvrit de sa protection.

Il n'avait que dix-neuf ans quand il reçut, en juillet 1606, le bonnet de docteur à la fameuse université de Montpellier, mais, « sachant que l'âge est nécessaire pour autoriser un médecin, il employa quelques années dans les voyages, qu'il fit dedans et dehors le royaume, pour y recueillir ce qu'il trouverait de meilleur dans la pratique de cet art qu'il vint ensuite exercer dans sa ville natale. »

Il s'y fit tout de suite remarquer par son habileté dans l'art de guérir, mais surtout par « son soin particulier au secours et au traitement des pauvres, l'objet de ses labeurs et la plus agréable fin qu'il se soit jamais proposée. » Sa réputation ne tarda pas à se répandre dans tout le Poitou et dans les provinces environnantes, et elle attira sur lui l'attention du gouvernement.

La misère était extrême à cette époque, surtout à Paris « où les malheureux accouraient à trouppes, pour ce que cette ville semblait être le centre et le pays commun de tout le monde, sous l'espérance de quelque avancement, qui se trouvait souvent vaine et trompeuse. »

Et cette profonde misère était presque sans palliatifs. Point de journal, point d'office de renseignement, point de bureau de placement, point de mont-de-piété, point d'hôtel des ventes, point de dispensaire. Tout cela manquait à nos ancêtres au commencement du XVIIe siècle, et tout cela va leur être donné par un seul et même homme, dont la population parisienne, pour laquelle il a tant fait, connaît à peine le nom.

Cette triste situation préoccupait fort le gouvernement.

On lit dans une déclaration royale de 1638 :

« *Le Roi, n'ayant jamais rien eu en plus grande recommandation que le soulagement, bien et utilité de ses sujets, ce qui lui aurait fait rechercher, dès son avènement à la couronne, les moyens d'y pourvoir et mander les personnes qui lui pourraient donner avis en cette occurrence, avait mandé, entre autres, sur l'avis qu'il avait eu de sa capacité, un de ses amés et féaux conseillers et médecins ordinaires, maître Théophraste Renaudot.* »

Renaudot s'était empressé, naturellement, de répondre à l'appel du roi, et, sur l'invitation des commissaires établis pour le soin des pauvres, il avait soumis ses projets au lieutenant civil, insistant plus particulièrement sur l'établissement d'un centre d'informations universelles, auquel il donnait le nom de Bureau d'adresse. Il faisait voir à l'appui que « l'une des plus notables incommodités des sujets du roi, et qui en réduisait même plusieurs à la mendicité, procédait de ce qu'ils ne pouvaient aisément rencontrer les adresses de leurs nécessités, faute d'y avoir quelque lieu destiné à cet effet, où les dits sujets pussent avoir recours toutes fois et quantes que bon leur semblerait. »

Ses propositions, soumises au Châtelet, furent, par sentence du 12 août 1612, rendue sur les conclusions favorables du procureur du roi, « reconnues raisonnables pour le soulagement de la chose publique. » Et deux mois après, le jeune docteur, qui dès auparavant avait été nommé médecin du roi, recevait le 12 octobre le brevet suivant :

« *Désirant gratifier et favorablement traiter Théophraste Renaudot, l'un de ses médecins ordinaires, que, sur l'avis qu'il avait eu de sa capacité, il avait fait venir exprès à Paris pour s'employer au règlement général des pauvres de son royaume, le Roi, pour les bons et agréables services qu'il lui avait rendus, et pour les frais de ses voyages, lui faisait don de la somme de six cents livres, et lui accordait la permission et privilège, exclusivement à tous autres, de faire tenir bureaux et registres d'adresses de toutes les commodités réciproques de ses sujets, en tous lieux de son royaume et terres de son obéissance qu'il verra bon être; ensemble de mettre en pratique et établir toutes les inventions et moyens par lui découverts pour l'emploi des pauvres valides et traitement des invalides et malades, et généralement tout ce qui sera utile et convenable au règlement desdits pauvres.... *»

Qu'on veuille bien remarquer la teneur de cet acte royal. Ce n'est pas un privilège accordé à Renaudot, c'est un mandat qui lui est donné, et qu'il remplira sous le titre de *Commissaire général des Pauvres du Royaume*, comme qui dirait *Ministre de la Charité*. Et cette mission, Renaudot consacrera toute sa vie à la remplir avec un dévouement et un désintéressement sans pareils. Comme il le dit lui-même, dans la simplicité de son âme et la naïveté de son langage, « se recognoissant né au bien public, il y sacrifia le plus beau de son aage, sans autre récompense que celle dont la vertu se paye par ses mains. »

Je ne crois pas avoir besoin de faire ressortir tout ce qu'il y avait d'honorable pour Renaudot dans cet acte royal, quelle carrière il lui ouvrait, s'il eût été animé des sentiments étroits que lui prêtent si bénévolement des écrivains qui ne savent pas le premier mot de sa vie. Cependant, pour une raison ou pour une autre, il retourna à ses malades, et c'est seulement une douzaine d'années après, vers 1625, qu'il vint se fixer à Paris, pour se consacrer tout entier à ses fonctions de *Commissaire général des pauvres du royaume*, dont il avait été investi en 1618, sur le rapport des commissaires du Conseil, concluant « qu'il était du service de Sa Majesté, bien et soulagement de ses sujets, que les propositions de Renaudot fussent reçues. »

Cette charge lui rapportait huit cents livres par an, et elle lui en coûtait deux mille. Dès ses premiers pas, en effet, la routine, l'envie, l'esprit de corps s'étaient mis en travers de ses projets, et ce n'est qu'après d'incroyables tribulations qu'il obtint du Parlement, en 1629, un arrêt qui, mettant fin à une interminable procédure administrative, confirma définitivement le privilège que lui avait accordé le Brevet royal de 1612. Ainsi, il n'avait pas fallu moins de dix-sept années et de toute la ténacité de Renaudot pour faire admettre ce qui était l'évidence même, l'utilité d'une institution qui répondait à une nécessité publique si pressante.

Libre enfin de toute entrave, il se mit immédiatement à l'œuvre, et, quelques mois après, au commencement de l'année 1630, il ouvrait le premier Bureau d'adresse, rue de la Calandre, sortant au Marché-Neuf, à l'enseigne du *Coq*, qui devint bientôt le Grand-Coq, dénomination qui, elle-même, ne tarda pas à être effacée, annihilée par celle de Bureau d'adresse.

LE BUREAU D'ADRESSE

Le Bureau d'adresse n'était pas, comme on est assez généralement porté à le croire, un simple bureau de placement; c'était une

office de renseignements, d'informations, de publicité comme il
n'en a jamais existé d'autres, et qui répondait à des besoins dont on
a grand'peine à se faire une idée aujourd'hui.

En somme, ce que veut ce brave Renaudot, c'est que l'on trouve
dans son établissement « l'adresse généralement de toutes les choses qui peuvent tomber dans le commerce et société des hommes, »
ces mille et mille renseignements qui sont nécessaires à chaque
pas dans la vie commune.

Nous avons dit qu'un brevet royal de 1612 avait, entre autres
choses, accordé à Renaudot la permission de faire tenir bureaux et
registres d'adresses, « à quoi il aurait continuellement vaqué et
fait travailler depuis ledit temps. » Ce brevet fut confirmé par une
Déclaration du Roi du 31 mars 1628, qui lui donne à nouveau le
pouvoir d'établir dans tous les lieux qu'il verra bon être des bureaux et tables de rencontre, et qui en même temps réglemente le
fonctionnement de ces bureaux. En conséquence, « Renaudot
pourra mettre auxdits bureaux des commis dont il demeurera res-
ponsable, qui tiendront livres et registres dans lesquels il sera
permis à chacun de faire inscrire et enregistrer, par chapitres dis-
tincts et séparés, tout ce dont il pourra donner adresse sur lesdites
nécessitez, et semblablement d'y venir apprendre et recevoir lesdites adresses par extraits desdits registres. Sans qu'il soit *payé
plus de trois sous pour chacun enregistrement ou extrait* desdits
registres, et gratuitement pour les pauvres; et sans qu'aucun soit
contraint de se servir desdits Bureaux, tables et registres si bon
lui semble. »

Il n'est pas besoin d'insister sur les services que pouvait rendre à
cette époque une pareille institution, si rudimentaire qu'on en
suppose les commencements, et l'on se représente aisément l'émo-
tion qu'elle dut produire et la vogue qu'elle obtint dès le premier
jour.

La première en date des « belles institutions dont le Bureau
d'adresse a été le fondement » fut

LA GAZETTE

On a débité, et on débite encore couramment sur les origines et
le caractère de notre premier journal, les fables les plus absurdes;
nous ne nous y arrêterons pas.

Quand Renaudot en entreprit la publication, le journal n'était déjà plus une nouveauté; mais, ce qui avait préexisté dans les états voisins était demeuré à l'état embryonnaire, et, si la France ne peut disputer aux nations voisines l'honneur d'avoir donné naissance au journal, elle a sur elles l'avantage d'avoir eu du premier coup un vrai journal. Notre *Gazette* fut, au témoignage des hommes les plus désintéressés, le premier qui répondit, — autant du moins qu'on peut l'exiger eu égard à l'époque, — à l'idée que nous nous faisons d'un journal. Du premier jour elle s'est placée au-dessus de tout ce qui avait existé d'analogue, par la régularité de sa publication, par sa circulation européenne, par l'abondance et le choix des matières, par la supériorité de sa rédaction et le nombre de ses correspondants.

Elle a commencé à paraître le 30 mai 1631, et depuis lors, poursuivant imperturbablement sa marche à travers les obstacles de toute nature, elle a traversé sans encombre toutes les révolutions qui, depuis près de trois siècles, ont renversé tant de choses; seulement son titre a quelque peu varié, selon les circonstances, et son format et sa périodicité ont suivi les progrès du temps.

Bref, la *Gazette de France* n'est pas seulement le premier de nos journaux, c'est incontestablement le plus ancien des journaux existant dans le monde entier. C'est un monument historique qui n'a son égal nulle part ailleurs.

Il est plus que probable que le père des journalistes français ne pouvait rêver pour sa descendance de si brillantes destinées. La *Gazette* procédait évidemment, dans son esprit, du même ordre d'idées que le Bureau d'adresse, d'où elle sortait, et tendait au même but : la satisfaction d'un besoin social, l'amélioration, la plus grande facilité des relations, ici intérieures, là internationales. Le Bureau d'adresse faisait, comme le dit son créateur, l'office des enseignes des carrefours, la *Gazette*, celui de l'étoile polaire, cette grande enseigne du firmament. Son programme, le plus simple, le plus ingénieux, le plus parlant qu'on ait jamais fait, est tout entier — dans son titre? — mieux que cela, dans la première lettre de ce titre, qui se compose de ce seul mot, gravé sur bois : **Gazette**. A l'intérieur du **G** se voient, en bas, une sphère terrestre, en haut la Petite-Ourse, et entre les deux une boussole, dont l'aiguille indique la polaire; autour du **G**, cette devise, qui l'enserre : « Guidé du ciel, j'adresse et par mer et par terre. » Ainsi, par exemple, « le marchand n'ira plus trafiquer dans une ville assiégée ou ruinée, ni le soldat chercher emploi dans les pays où il n'y a point de guerre. » On voit où l'on en était au milieu du xviie siècle.

Première Académie des Sciences. — Les nécessiteux, les chercheurs d'aventures n'étaient pas les seuls à frayer les chemins du Bureau d'adresse. Toute la journée, une foule de visiteurs se portait à la maison du Grand-Coq par curiosité, surtout depuis l'établissement de la *Gazette*, qui y avait bien vite amené tout le clan des nouvellistes.

Renaudot faisait bon accueil à tous, et beaucoup y revenaient, attirés par l'esprit et le savoir de notre docteur autant que par l'aménité de son caractère, et bientôt il groupa autour de lui un petit cercle d'érudits. Dès 1632 il se tient au Bureau d'adresse une « Académie ouverte à tous les beaux esprits, qui y venaient conférer en public de toutes les belles matières de physique, de morale, de mathématiques et autres disciplines, et laquelle était une des plus belles et plus utiles institutions qu'eût faites Renaudot, au jugement même de plusieurs de ses ennemis. » Le goût des petites réunions littéraires était alors fort répandu, mais on ne s'occupait dans ces réunions que de la langue et de la littérature françaises. Renaudot, le premier, provoqua, organisa des « Conférences ou Assemblées de gens doctes et curieux des sciences et des arts, où tous étaient reçus à donner leur avis ou à écouter ceux d'autrui sur la matière proposée. »

Le recueil de ces conférences qui nous est parvenu en contient 335, du 22 août 1633 au 1er novembre 1642. C'est bien là évidemment l'origine des comptes rendus, des recueils de Mémoires de nos sociétés savantes.

Dans ses commencements, le Bureau d'adresse se bornait au rôle d'indicateur, rôle indiqué par son titre même; mais Renaudot ne pouvait s'arrêter là. Il en vint bientôt à penser qu'il servirait bien mieux les intérêts de ses clients s'il portait directement à la connaissance du public, à domicile, ces offres et ces demandes qui en encombraient les registres.

De là les *Petites Affiches*, telles à peu près qu'elles existent encore aujourd'hui.

Mais combien les choses ne seraient-elles pas simplifiées, et quels plus grands services ne rendrait pas son établissement s'il pouvait y mettre certains objets sous la main des intéressés.

De là la première *Salle des ventes publiques ou amiables*.

Mais ces ventes, quelquefois si douloureuses pour ceux que force la nécessité, n'y aurait-il pas quelque moyen, sinon d'en faire disparaître la cause, au moins d'en atténuer l'effet.

De là notre *Mont-de-Piété*.

Et toutes ces créations étaient autorisées, encouragées et réglementées par le gouvernement, comme l'était lui-même le Bureau d'adresse.

C'est encore à lui que nous devons le *Dispensaire*, création qui, à elle seule, mériterait une statue; c'est celle assurément qui lui fait le plus d'honneur, et son titre le moins discutable à notre reconnaissance.

Renaudot y consacrait, en effet, tout le temps et tout l'argent dont il pouvait disposer; « il lui en coûtait tous les ans plus de 2,000 livres du sien, outre son temps, son industrie et sa peine, pour donner à ces pauvres malades les consultations et les remèdes dont ils avaient besoin. » Dans une requête à la reine régente, il expose que, « depuis vingt-cinq ans qu'il exerce la charge de Commissaire général des pauvres du royaume, il en a médicamenté à ses frais et guéri plus de vingt mille. »

Ces consultations ne pouvaient manquer d'attirer la foule des malades; elle fut telle que Renaudot, obligé de se faire assister par des confrères charitables comme lui, avait fini par organiser dans cette élastique maison du *Grand-Coq*, sous le nom de *Consultations charitables pour les malades*, ce que nous appelons aujourd'hui un Dispensaire.

Là « quinze à vingt médecins venaient alternativement, tous les jours, donner leurs conseils gratuits à tous les pauvres malades, qui s'y trouvaient si pressés pour y recevoir du soulagement en leurs maladies, qu'ils étaient contraints de se partager en plusieurs bandes, afin de leur donner plus promptement secours, sans faire attendre leurs ordonnances. » Bientôt ce fut la place qui manqua; cette incessante procession finit par encombrer les abords du logis de Renaudot au point de le rendre de difficile accès à toutes autres personnes, sans parler des artisans et marchands qui occupaient tous les jours, avec leurs marchandises et manufactures, les avenues et entrées du Bureau d'adresse, pour ce qu'ils y en trouvaient le débit par l'affluence du peuple qui se portait à cette nouveauté et qui menaçait d'obstruer ledit Bureau et de le priver de ses autres usages. »

Les médicaments, fournis gratuitement, étaient préparés au domicile de Renaudot, dans un laboratoire de chimie, qu'il avait été autorisé à ouvrir par des *Lettres patentes du roi en faveur des pauvres et particulièrement des malades*, données à Chantilly, le 4 septembre 1640. Ces lettres, que je regrette de ne pas pouvoir reproduire, parce qu'elles sont pour Renaudot un véritable titre d'honneur, ne s'étaient pas bornées à cette simple formalité; mais, « *considérant que Renaudot n'avait pas seulement vaqué à la perquisition des secrets et choses les plus cachées en l'art de médecine, dont il fesait profession depuis trente-cinq ans, mais encore, depuis l'établissement du Bureau d'adresse, avait reçu en iceux toutes les personnes curieuses, qui y font expérience de plusieurs inventions utiles au public, et particulièrement aux pauvres,* » lui avaient permis de tenir chez lui des fourneaux, ce qui s'accordait alors très difficilement, et d'y faire toute sorte d'opérations chimiques servant à la médecine, et avaient autorisé tous ceux qui auraient quelque invention utile au public à en faire l'expérience en la maison dudit Renaudot et en sa présence, et non autrement.

TRIBULATIONS ET FIN DE RENAUDOT

J'en ai dit assez pour qu'il soit facile de se faire une idée de ce qu'était au milieu du vieux Paris ce Bureau d'adresse, toujours plein d'allants et de venants. Paris, la France n'avaient assurément rien vu de pareil, et je ne sais si l'on trouverait dans la suite de notre histoire un autre établissement qu'on lui puisse comparer. Et pour ce qui est de l'homme qui imprimait le mouvement à cette immense machine, en pourrait-on citer beaucoup qui aient déployé, dans la poursuite du bien, plus de dévouement, plus d'ingéniosité, plus d'activité et aussi plus de patiente énergie? Car, il est à peine besoin de le dire, tout ce bien ne se fit pas sans luttes.

Nous avons fait allusion à l'animosité de la Faculté de Médecine de Paris contre Renaudot. Pour se l'expliquer, il faut se reporter au temps, songer qu'à cette époque on était en tout sous le régime du privilège. Or, d'anciens règlements interdisaient l'exercice de la médecine à Paris à quiconque n'avait pas reçu ses grades à l'Université de cette ville. Ce privilège lui était disputé par l'Université de Montpellier, qui affichait hautement l'exorbitante prétention d'exercer la médecine dans la capitale.

Ajoutons que la rivalité entre les deux facultés ne reposait pas seulement sur des questions de préséance et de privilège, qu'elle était aussi dans les doctrines; que la Faculté de Paris tenait pour l'ancienne médecine, pour la rhubarbe, tandis que celle de Montpellier tenait pour la nouvelle, la médecine chimique, pour l'antimoine, que les docteurs de Paris avaient en horreur.

On comprend maintenant de quel œil les docteurs de Paris devaient regarder Renaudot, docteur de Montpellier exerçant sur leur terrain, et chef, à Paris, du parti de l'antimoine.

Cependant Renaudot reconnaît lui-même qu'il n'avait pas eu trop à s'en plaindre avant l'établissement des Consultations charitables: ils avaient toujours fait paisiblement la médecine avec lui. Mais la création du laboratoire de chimie mit le feu aux poudres; ils ne purent supporter l'éclat de la « nouvelle charité » de notre philanthrope.

Il faut dire aussi que cette charité était grosse de menaces pour leur boutique. « Ils voyaient, en effet, poindre dans la maison du Grand-Coq une nouvelle école et une nouvelle académie à leur préjudice et à la barbe de l'université la plus glorieuse de l'Europe, dans laquelle cet empirique de Renaudot voulait planter une cinquième faculté. »

Comme nous l'avons vu, les Lettres patentes de 1640 ne s'étaient pas bornées à autoriser les Consultations charitables; elles avaient officiellement reconnu la médecine spagirique et avaient donné à Renaudot une espèce de monopole de la chimie, si bien que sa maison était bientôt devenue un vaste laboratoire où les drogues proscrites par la Faculté étaient préparées en grand. Ajoutons que Renaudot avait ouvert, dans le local des Consultations, des conférences particulières, dont les malades qui y affluaient offraient le sujet. La maison du Grand-Coq se trouva ainsi, naturellement, non seulement le rendez-vous des savants adonnés à ce genre d'études, mais encore un lieu de réunion et d'étude, où les écoliers venaient furtivement, à l'insu de leurs maîtres, ajouter la pratique à la théorie.

C'était élever autel contre autel, le péril était imminent.

La guerre fut décidée, et une guerre sans trève ni merci. Une commission fut nommée, avec mission de ne laisser aucun répit à Renaudot; un fonds de guerre fut spécialement créé, et il fut solennellement décrété que tout docteur pourrait écrire, aux frais de la Compagnie, contre l'ennemi commun. Et l'on ne se fit pas faute, rue de la Bûcherie, d'user de la permission. Durant quatre années, ce fut une avalanche de factums, de chansons, de pièces rimées, qu'on dirait, pour la plupart, avoir été écrites plutôt par des crocheteurs que par des médecins. Il n'est sorte d'injures dont on n'accablât ce malheureux Théophraste, avec les raffinements de grossièreté dont les savants d'alors possédaient le secret.

La bataille était conduite par Guy Patin, si fameux par son esprit caustique. « Il faut lire, dit Saint-Beuve, la correspondance de ce trop célèbre satirique, pour comprendre jusqu'à quel point une querelle de boutique peut aveugler un homme d'esprit; on trouverait difficilement un autre exemple d'une pareille animosité. Il ne peut parler du « maître des Gazettes, — il ne faut pas salir le papier de son nom, qui sera odieux et exécrable à la postérité, » — il ne peut parler de Renaudot, il n'y peut songer sans une sorte d'horripilation, et la langue française ne lui fournit pas de mots assez forts pour exprimer sa haine contre ce Théophraste ou plutôt *Cacophraste* Renaudot, ce nez pourri de gazetier, ce fripon hebdomadaire, de tous les bipèdes le plus méchant, et le plus menteur, et le plus médisant, qui aurait besoin d'ellébore ou d'une médecine plus âcre, du fer et du feu. » Ces gentillesses sont généralement dites en latin, ce qui leur donne encore plus de sel.

La faculté crut devoir, avant d'engager la bataille, s'adresser à Richelieu et lui demander protection. « Faites mieux que M. Renaudot, » aurait répondu le Cardinal à ses délégués. Elle essaya, mais y réussit mal. « Ah ! s'écriait à ce propos Guy Patin, ah ! si ce gazetier n'était soutenu de l'Éminence en temps que *nebulo hebdomarius*, nous lui ferions un procès criminel, au bout duquel il y aurait un tombereau, un bourreau, et tout au moins une amende honorable; mais il faut obéir au temps. »

Enfin, la mort exauça les vœux du charitable docteur, en couchant dans la tombe cette « Puissance à laquelle il était assez difficile et dangereux de ne pas se soumettre entièrement, et dont ce maraud de gazetier avait pu, par des artifices peu sincères, s'appuyer pour l'exercice de ses *sinistres desseins*. » La haine de la Faculté put alors se donner un libre cours.

Après diverses procédures, l'affaire fut portée devant le Parlement.

Il faut entendre alors l'avocat de la Faculté. Toutes les raisons sont bonnes à ce foudre d'éloquence pour écraser ce pauvre Renaudot, le ridicule aussi bien que la calomnie. C'est un *ardelio*, un proxénète, un vagabond, un industriel sans foi ni loi. Ses tentatives pour faciliter les transactions et procurer au commerce les moyens d'écoulement qui lui manquent : honteux trafic ! Ses efforts pour venir en aide aux nécessiteux : infâme usure ! Il veut faire sortir de l'ornière l'art de guérir : charlatanisme ! Il donne gratuitement aux pauvres, avec ses consultations, les nouveaux curatifs que lui fournit la science : charlatanisme ! charlatanisme ! Pour comble, il se fait gazetier, courtier de nouvelles, l'équivalent de courtier d'amour !

Et il ne s'arrête pas en si beau chemin. Il va fouiller jusque dans les plis les plus intimes de sa vie privée, et se fait une arme de ses chagrins domestiques. Il le raille sur son nez camus, le sujet d'éternels sarcasmes. Il va jusqu'à lui contester son prénom de Théophraste, qu'il trouve trop pompeux pour qu'il ne soit pas emprunté. Ce n'est pas tout encore. Voulez-vous savoir jusqu'où allait la rare subtilité de ces graves docteurs ? Suivez bien ce raisonnement : « L'origine et les mœurs de Renaudot sont à considérer : il est né à Loudun, où il est certain, de par Laubardemont, que les démons ont établi leur domicile ; il a témoigné avoir une partie de leurs secrets et de leurs ruses : en effet, Tertullien remarquait dans son Apologétique, — on cite le passage, — deux circonstances qui avaient mis le diable en crédit : le débit des nouvelles et celui des recettes pour les maladies. » Or Renaudot est gazetier, il veut être empirique, il est né à Loudun : donc, etc.

Et comme si ce n'était pas assez, le doyen de la Faculté de médecine vient à la rescousse. Dans une pompeuse harangue latine, il commence par invoquer les dieux immortels contre toutes les violations de la charité chrétienne dont le gazetier s'est rendu coupable ; puis, après ce charitable exorde, il s'étend avec complaisance sur les défauts physiques de son adversaire ; il le représente aux juges comme un monstre difforme, auquel il est urgent d'interdire l'exercice de la médecine, parce qu'il est capable d'effrayer les malades par sa laideur et d'exercer une influence funeste sur les imaginations.

Et c'est la Faculté de médecine de Paris qui invoque de pareils moyens contre un adversaire qu'elle jalouse ! Et c'est au milieu du xviie siècle, en plein Parlement, que se débitaient de pareilles sottises !

Comment s'étonner que Renaudot ait succombé sous de telles accusations ! Ce fut en vain que son avocat rappela à la Cour les consécrations successives que les divers établissements de son client avaient reçues de l'autorité royale, la protection qui l'avait couvert jusque là, le succès de son enseignement privé et les services qu'il avait rendus à l'humanité par ses consultations charitables; en vain qu'une foule de témoins, parmi lesquels un maréchal de France et plusieurs grands seigneurs et grandes dames, vinrent déposer en faveur de son talent et de l'excellence de ses remèdes. Il avait contre lui la lettre de la loi : il devait avoir tort.

Un arrêt solennel du 1er mars 1644 « fait défense à Renaudot et à ses adhérents non médecins de la Faculté de Paris d'exercer ci-après la médecine, ni faire aucune conférence ni consultation, ni assemblée dans les Bureaux d'adresse ou autres lieux de cette ville et faubourgs de Paris, ni de traiter et panser aucun malade, sous quelque prétexte que ce soit, à peine, contre les contrevenants, de 300 livres d'amende. « Mais, du même coup, le Parlement ordonne que, dans la huitaine, la Faculté s'assemblera pour faire un projet de règlement pour les consultations charitables, et icelui apporter à la Cour, pour icelle en ordonner ce que de raison. »

Le Parlement reconnaissait donc l'excellence de cette institution; elle était telle, d'ailleurs, que la vérité se fait jour jusque dans les registres de la Faculté, où la réouverture des Consultations est consignée en ces termes honorables : « Le 4 juin 1644, date mémorable, la Faculté commençait ses consultations gratuites, qui, pour rendre à chacun ce qui lui appartient, furent rétablies telles que Renaudot les avait fondées quelques années auparavant. »

Ce n'en fut pas moins pour ce pauvre Renaudot un coup mortel, qui, joint à un très mauvais état de santé et à des ennuis de famille, empoisonna ses dernières années.

Il mourut le 25 octobre 1653, après « une vie des plus prodigieusement et des plus diversement remplies que l'on puisse imaginer, a dit un juge impartial, — un médecin, — et le plus bel éloge qui en ait été fait l'a été par son plus cruel ennemi, Guy Patin, qui écrivait dans une lettre du 12 novembre :

« Le vieux Théophraste Renaudot mourut ici, le mois passé,
GUEUX COMME UN PEINTRE. »

Si sommaire que soit ce tableau de l'œuvre de Renaudot, il suffira pour faire comprendre ce qu'a de miraculeux cet élan qui, parti de son berceau et remontant jusqu'au théâtre de sa gloire,

lui prépare un double triomphe : là haut plus pompeux sans doute,
mais quelque peu factice ; ici plus simple, mais plus vrai, et surtout plus désintéressé. A Paris, c'est le journaliste qu'on se propose
de célébrer, ou, plutôt, c'est le journalisme ; il ne s'agit pas
seulement d'un monument à Renaudot, mais d'un véritable
monument à la presse. Ici c'est l'homme de bien que l'on veut
venger d'un trop long oubli. Et, au premier appel qui leur a été
fait, les compatriotes de Renaudot ont répondu avec une sponta-
néité, une unanimité dignes des plus grands éloges ; et ce n'est
pas seulement leur obole que, du grand au petit, ils ont apporté
et apportent à cette œuvre de réparation, mais tout leur cœur.

C'est qu'aussi, il faut bien le dire, le feu sacré y est entretenu,
avivé, propagé par un apôtre à la hauteur de la cause, et à qui
reviendra, je me plais à le proclamer, la plus grande part du succès. M. Roger Drouault, — puisqu'il faut bien l'appeler par son
nom, — est un renaudotique convaincu. De bonne heure il s'est
épris de son illustre compatriote, et c'est à en chercher les traces,
bien rares, qu'il consacre depuis des années les loisirs que lui
laisse un emploi peu fait, semblerait-il, pour de pareilles aspira-
tions, mais qui, heureusement, conduit à tout, aussi bien que le
journalisme et les autres, pourvu qu'on le quitte. Bref, il parvint
ainsi, à la longue, à amasser une somme très appréciable de ma-
tériaux, et, dès qu'il eut appris que j'étais encore de ce monde, il
mit le tout, y compris sa personne, à mon entière disposition,
avec un désintéressement et un dévouement dont je suis heureux
de pouvoir lui témoigner publiquement ma reconnaissance.

La présente notice s'adressant plus particulièrement aux compatriotes de Renaudot, je désirais fort la compléter pour eux par
quelques détails sur ses origines, sa famille, sa vie privée à Loudun, période demeurée jusqu'ici très obscure, pour l'éclaircis-
sement de laquelle le concours de M. Drouault m'a été on ne peut
plus précieux. Je ne le suivrai pas, bien entendu, dans ses fouilles,
dans l'enchevêtrement de ses découvertes, qui font autant d'honneur à sa sagacité qu'à son flair ; je n'en garderai, pour la cir-
constance présente, que ce qui touche l'origine de notre héros et
sa descendance mâle directe, en un mot les seuls Renaudot qui
ont occupé l'histoire.

Comme je l'ai dit dans ma biographie du chef de cette famille
intéressante, quand il vint à Paris, en 1612, mandé par le gouvernement, il était déjà marié. Il fallait pour cela qu'il s'y fût pris
bien jeune. En effet, reçu docteur en 1606, à dix-neuf ans, il avait,

en quittant Montpellier, il nous l'a dit, « employé *quelques* années en voyages. » Quelques années, ce ne peut être moins de deux ans. Il serait donc rentré à Loudun au plus tôt en 1608, à vingt et un ans. Or il est certain qu'en 1612 il avait déjà deux enfants. Mais quelle était leur mère ? Grave question. Renaudot, en effet, eut plusieurs femmes ; mais il n'y a qu'un seul point sur lequel les deux ou trois écrivains qui ont effleuré le sujet se trouvent d'accord : c'est que la première avait nom Jeanne Baudot, et aurait été la mère des trois garçons connus de Renaudot. M. de la Tourette, lui, n'en a admis que deux, ayant confondu l'aîné avec son père, et fait des deux un seul et même personnage !

Enfin R. Drouault vint, — qui fit la lumière dans ce chaos. Après les recherches les plus minutieuses, mon jeune et intelligent collaborateur est resté convaincu que la famille de Théophraste n'était pas originaire de Loudun. Le premier Renaudot qu'il ait rencontré est un « M⁰ Jehan Renaudot » dont il a relevé le nom dans une délibération, en date du 6 septembre 1590, en compagnie de gens de loi réunis pour assurer la défense de Loudun, et l'absence de tout Renaudot avant cette époque lui fait présumer que celui-ci fut le père de Théophraste, lequel serait venu se fixer à Loudun peu de temps avant la naissance de notre héros, peut-être même à l'occasion du mariage dont il est né.

Quant à la descendance de ce dernier, M. Drouault a été amené par divers actes à croire qu'il a été marié trois fois :

1º Vers 1609, à l'âge de vingt-trois ans, à Marthe Dumoustier, la mère, par conséquent, des trois Renaudot, morte au commencement de 1625, ce qui fut peut-être un des motifs qui déterminèrent Théophraste à quitter Loudun ;

2º A Marthe Baudot, qui lui aurait donné, selon Jal, une demi-douzaine de filles, et paraît être morte vers 1640 ;

3º Enfin, après une dizaine d'années de veuvage, ce pauvre vieux Théophraste, « historiographe de France, » et déjà plus que septuagénaire, épousait une « damoiselle Louise de Mascon,

Qui n'avait pas valant cent francs,
Mais qui n'était qu'à son printemps
Et qui, très largement pourvue
D'attraits à donner dans la vue,
Des plus beaux et des mieux peignés
Ne le prit pas pour son beau nez.

Cette union eut le sort de toutes celles contractées dans les mêmes conditions, « si bien que moins d'un an après, sur l'entremise des parents communs, ces messieurs de la cour d'église en ayant été fort priés, les ont enfin démariés. »

Renaudot, suivant une coutume qui, pour être ancienne, n'en est pas moins absurde, avait donné à son premier né son prénom : de là une confusion qui a produit les quiproquos les plus abracadabrants. Ce Théophraste II était né à Loudun, en 1610 ; il mourut à Paris en 1672, « conseiller du roi, doyen et commissaire de la Cour des monnaies, et historiographe du roi ; » ce qui veut dire qu'il avait succédé à son père dans le privilège de la *Gazette.*

Le second, Isaac, naquit à Loudun en 1612, fut reçu docteur en 1647 et mourut en 1680, conseiller et médecin ordinaire du roi, sans laisser d'enfants, non plus que son aîné.

En revanche, le troisième, Eusèbe, n'en eut pas moins de quatorze, dont l'aîné fut le « docte abbé, » le « cher Renaudot, » à qui Boileau dédia sa douzième épître sur l'amour de Dieu. Né à Loudun en 1613, reçu docteur en 1648, conseiller du roi en ses conseils et premier médecin du dauphin, il mourut en 1679.

On voit que la famille Renaudot faisait assez bonne figure à Paris au xvII[e] siècle. Il n'en reste plus trace à Loudun, mais les Renaudot pullulent en France, et, dans la multitude, il s'en trouvera sans nul doute plus d'un qui, entendant le bruit qui se fait autour de son nom, en viendra à se croire issu de cette noble souche. Qui sait même si quelques-uns, — nous souhaiterions qu'ils fussent beaucoup, — ne voudront pas le prouver en prêtant à la réhabilitation de leur illustre aïeul le plus large concours que leur permettent leurs moyens. Les promoteurs de cette œuvre patriotique leur ouvrent tout grands les bras.

Loudun, imprimerie D. PALLUAUX.

LOUDUN, IMPRIMERIE ET LIBRAIRIE D. PALLUAUX.

www.ingramcontent.com/pod-product-compliance
Lightning Source LLC
LaVergne TN
LVHW020415060726
842525LV00006B/2074